Lk 7/174

VOYAGE PITTORESQUE,

Ou Notice exacte de tout ce qu'il y a d'intéressant à voir dans la Ville d'Amiens, Capitale de Picardie, & dans une partie de ses alentours, faite en l'année 1783.

Par M. D. V. L. D'A...

» L'objet me frappe plus qu'une froide peinture ;
» Un coup d'œil quelquefois vaut un an de lecture.
M. l'Abbé de Lille, Ep. sur les Voyages.

À AMIENS,
De l'Imprimerie de J. B. CARON l'aîné,
Imprimeur du Roi.

M. DCC. LXXXIII.
Avec Approbation & Permission.

MESSIEURS
ET
CONCITOYENS,

L'Impérieux sentiment du patriotisme m'ordonne de vous dédier ce Voyage Pittoresque, ou cette Notice ; persuadé que ce qu'elle contient, pourra vous intéresser assez pour chercher à vous convaincre par vous-mêmes de la vérité des choses que j'y peins, soit pour les critiquer, soit pour les admirer; en répétant après moi : Vidi.

J'ai l'honneur d'être votre Compatriote & Serviteur,

Devermont l'aîné, d'Amiens.

VOYAGE PITTORESQUE,

Ou Notice exacte de tout ce qu'il y a d'intéressant à voir dans la Ville d'Amiens, Capitale de Picardie, & dans une partie de ses alentours, faite en l'année 1783.

INTRODUCTION.

IL n'y a pas un seul étranger, depuis le simple Sujet jusqu'au Monarque même, seroient-ils des pays les plus éloignés, qui, arrivant dans la Ville d'Amiens, Capitale de

Picardie; ne se procurent tour-à-tour la satisfaction de voir & d'admirer l'Eglise Cathédrale, la promenade du Rempart & de la Hautoye; souvent, parce qu'ils sont déjà instruits de la beauté de ces trois objets; souvent encore, parce que ces derniers se présentent à leurs yeux comme des masses saillantes sur l'intéressant tableau de la Ville entiere, dont l'effet ordinaire est d'éloigner dans la perspective des objets intéressans en leur genre, qui, par cette raison, sont totalement oubliés.

Si j'ai entrepris ce Voyage Pittoresque, ou petite Notice, ce n'a été que pour rassembler sous un seul point de vue, tout ce que l'on doit remarquer dans notre Capitale, & qu'on ignoroit jusqu'à ce jour. Je commencerai par la description de l'Eglise Cathédrale, point central du cercle que doit parcourir l'Etranger dans l'étendue de cette Ville, & le plus digne d'exciter sa curiosité.

En entrant dans cette Eglise par le grand Portail d'architecture gothique, dans les ordres Toscan & Dorique, qui fait pressentir par son aspect imposant un édifice remarquable, on apperçoit couché à droite & à gauche d'icelui, à la hauteur d'un pied de terre, les deux Evêques jettés en bronze, grandeur naturelle, sous l'Espicopat desquels fut bâtie cette Eglise, sous l'invocation de Notre-Dame. Les fondemens en furent jettés au commencement du treizieme siécle, c'est-à-dire, l'an 1220 ; je surnommerai ce vaste édifice digne d'admiration : *le Prototype régulier des morceaux gothiques en son genre*. Il fut construit par trois Architectes ; savoir, Robert Deluzarche, Thomas de Cormont & Regnault son fils, qui l'acheva l'an 1288.

Le bas côté, à droite, dans la nef,

toujours en entrant par le grand portail, est composé de cinq Chapelles, décorées & grillées en fer dans le goût moderne.

La premiere est sous l'Invocation de Saint Christophe, figure en pierre, grandeur naturelle, sculpté par M. Dupuis, Artiste d'Amiens. Une idée neuve pour cette Ville, qui fait l'éloge de ce dernier, c'est qu'il a représenté l'Enfant Jesus, assis avec confiance & avec grace, sur l'épaule gauche du robuste S. Christophe ; ce qui vaut infiniment mieux que de l'avoir campé à califourchon sur toutes les deux ; posture ridicule, qui semble mettre plus en danger la délicate enfance de Jesus ; S. Christophe ne pouvant le regarder pour sa conservation, comme il le fait dans l'attitude actuelle.

La deuxieme est sous l'Invocation de l'Annonciation de la Vierge, relief en marbre blanc, du Sculpteur Blasset,

Artiste aussi d'Amiens. Ce n'est point parce que ce morceau est inestimable pour sa beauté, qu'on le nomme piece sans prix, au contraire, c'est qu'il fut donné en 1665, par Antoine Piéce, Maître de la Confrérie de Notre-Dame du Puy.

La troisieme, sous l'Invocation de l'Assomption de la Vierge, ronde bosse, en marbre blanc, d'une exécution peu commune, par Blasset.

La quatrieme, sous l'Invocation de la Vierge, représentée dans un Tableau soutenue par deux Anges, peint dans la maniere de Vouet, Peintre François, qui fleurissoit sous le regne de Louis XIII. On trouve au bas de ce Tableau cette inscription : *Fulcite me floribus, quia amore langueo*, qui en explique le sujet; aux deux côtés de cet Autel, se trouvent assis gracieusement S. Augustin & S. Etienne, Martyr, figures en pierre, par Blasset.

La cinquieme, sous l'Invocation de Sainte Marguerite, figure en pierre, exécutée par le sieur Vimeux, Artiste d'Amiens. Cette Chapelle est toute revêtue d'un marbre naturel de diverses couleurs.

En suivant ce bas côté, pour monter les cinq degrés qui élevent le chœur au-dessus de la nef, on rencontre, en face, la Chapelle, sous l'Invocation de Notre-Dame du Puy, close d'une balustrade en cuivre ; le Tableau de l'Autel représente l'Assomption de la Vierge, peint en 1628, par Franken, Peintre estimé de l'Ecole Flamande ; les figures des côtés & celles du dessus de l'Autel, rondes bosses, en pierre, sont de Blasset. Ce morceau superbe d'exécution, est grouppé un peu lourdement.

Le surnom du Puy qu'on a donné à cette Vierge, vient de ce que les Chants royaux ou Balades qu'on récitoit le jour de la Chandeleur où l'on fait la Fête principale, étoit sur un théatre, ou lieu élevé, appellé Puy, du latin *Podium*, qui signifie hauteur, montagne. Cette origine prouve que les Peintres & Sculpteurs ont tort de représenter la Vierge tirant un enfant d'un puits.

La premiere Chapelle en suivant, est sous l'Invocation de S. Pierre, S. Paul, belles figures en Pierre, sculptées par M. Dupuis; le Tableau de l'Autel représente l'Adoration des Rois, peint par Parossel, Peintre du siécle.

La deuxieme est sous l'Invocation de S. Charles, ronde bosse, en pierre, par M. Dupuis; le reste, d'une belle exécution, est tout en marbre, dans le goût moderne.

Dans la troisieme, sous l'Invocation de la Naissance de Jesus-Christ, représentée dans un Tableau, copié d'après le Guide; on remarque à la hauteur de douze ou quinze pieds, l'épitaphe du

Chanoine Lamorliere, né à Chauni, homme célebre pour avoir écrit l'Histoire des antiquités de la Ville d'Amiens, décédé le 19 Octobre 1639.

La quatrieme est sous l'Invocation de S. François d'Assise, relief en bois, du sieur Vimeux.

La cinquieme est sous l'Invocation de S. Jacques, relief, trois quarts en bois, du même.

La sixieme est sous l'Invocation de Notre-Dame, Paroisse (surnommée Petite) vu son peu d'étendue ; au dessus du Maître Autel, paroît une Vierge, figure en marbre blanc, par Blasset.

Cette Chapelle qui se trouve dans le fond du cul de lampe, qui fait face au derriere du Maître Autel de la Cathédrale, termine le bas côté droit.

Le bas côté, à gauche, dans la nef, en entrant par le grand portail, est composé de six Chapelles, décorées &

grillées en fer, dans le goût moderne.

La premiere est sous l'Invocation du Sauveur du Monde, ronde bosse, restaurée par le sieur Vimeux; les deux Confessionnaux fixés dans les deux angles de la porte d'entrée de cette Chapelle, sont bien effacés, & semblent n'y point y être.

La deuxieme est sous l'Invocation de la Vierge triomphante de la Mort qu'elle foule aux pieds; ronde bosse, en marbre blanc, par Blasset.

La troisieme est sous l'Invocation de Jesus Crucifié, représenté dans un petit Tableau peint à l'huile.

La quatrieme est sous l'Invocation de Saint Honoré, Evêque d'Amiens, ronde bosse, en pierre, par le sieur Vimeux.

La cinquieme est sous l'Invocation de Notre-Dame de Paix, ronde bosse, en marbre blanc, de Blasset; au pilier, à droite en entrant dans cette Chapelle, s'offre un Mausolée en marbre blanc; on y remarque la Mort personnifiée dans un linceul; l'anatomie en est bien démontrée; l'ensemble mérite considération; c'est l'ouvrage de Blasset.

La sixieme est sous l'Invocation de S. Firmin, premier Evêque d'Amiens, ronde bosse, en pierre, par le sieur Vimeux.

En suivant ce bas côté, pour monter les cinq degrés qui élevent le chœur au-dessus de la nef, on rencontre, en face, la Chapelle sous l'Invocation de Saint Sébastien, close d'une balustrade en cuivre; le Tableau de l'Autel, quoique peu conservé, fait encore voir les restes d'une descente de Croix assez estimable; il fut peint en 1638 par Warin, Peintre d'Amiens; les figures des côtés, & celles du dessus de l'Autel, ronde bosse, en pierre, sont de Blasset; on remarque dans le haut S.

Sébaſtien, qui eſt d'un beau nud, & dans le bas S. Louis, Roi de France, dont le manteau eſt un morceau de draperie achevé; le tout eſt ſuperbe d'exécution, mais grouppé un peu lourdement.

En continuant à droite, on rencontre la Chapelle ſous l'Invocation de S. Jean-Baptiſte; elle eſt toute en marbre; le tableau de l'Autel eſt un relief en bois, ſculpté en 1780 par le ſieur Carpentier, Artiſte d'Amiens; les deux figures des côtés, rondes boſſes, en pierre, l'une repréſentant S. Firmin, l'autre S. François de Sales, ont été ſculptées par J. Poultier en 1710. Tout ce qui eſt fait du ciſeau ſavant de cet Artiſte, eſt univerſellement eſtimé.

L'on voit encore, dans la même Chapelle, le Tombeau de François Faure, Evêque d'Amiens; & vis-à-vis, contre le mur, à gauche de l'entrée, eſt adoſſé le Tombeau en pierre, rondé bosse, de Pierre Sabatier, son Successeur, sculpté par Dupuis; il est d'un assez bon goût.

La deuxieme est sous l'Invocation de Notre-Dame des Douleurs, ronde bosse, en pierre, par le même; le reste d'une belle exécution, est tout en marbre, dans le goût moderne.

La troisieme est sous l'Invocation de Saint Quentin, Patron du Vermandois; il y a dans cette Chapelle un petit Orgue antique, dont l'harmonie est estimée; il fut donné en 1527.

La quatrieme est sous l'Invocation de S. Jean-Baptiste, relief, trois quarts en bois, du sieur Vimeux.

La cinquieme, sous l'Invocation de S. Augustin, relief, trois quarts en bois, du même.

Là se termine le bas côté gauche à la Petite Paroisse de Notre-Dame.

C'est avec raison qu'on admire la Nef de cette superbe Eglise, dont parlent

lent beaucoup d'Auteurs. Quelle légéreté dans son ensemble ! A l'un de ses piliers, l'on remarque la Chaire en bois, qu'une belle ordonnance rend très-majestueuse : elle est portée par les trois Vertus Théologales, la Foi, l'Espérance & la Charité, personnifiées par trois Belles Femmes, dont les attitudes sont pleines d'expressions, en relief, trois quarts ; la légéreté de la Sculpture, qui semble amoindrir l'ensemble de cette Chaire, l'a fait regarder, avec raison, comme un des beaux morceaux en ce genre, dans le goût moderne ; elle est une nouvelle preuve de l'immortel talent du sieur Dupuis.

A l'entrée du Chœur qui s'annonce par un perron en marbre, une grille de fer fixe les regards des Curieux, pour la régularité & la légéreté de son ensemble ; le sieur Vivarais, Serrurier, l'exécuta sur le dessin de M. Slod, Célebre Architecte ; le pavé du Chœur est d'un marbre de diverses couleurs, dans le goût nouveau; il est remarquable par son assemblage régulier qui se présente à l'œil avec tout l'uni d'une glace.

Les Stales en bois qui entourent le Chœur, sont par leur assemblage & leur Sculpture gothique, regardées comme uniques en leur genre; il y en a cent dix-huit; savoir, trente-trois en haut & vingt-six en bas de chaque côté.

On éprouve une vive satisfaction à la vue du pavé en marbre de plusieurs couleurs, formant une mosaïque réguliere dans le Sanctuaire; au Maître Autel, est une Gloire majestueuse en pierre, qui seroit admirée, si elle étoit moins pesante & plus analogue à son nom.

Au bas de cette Gloire, sont la Chasse de S. Firmin, premier Evêque d'Amiens, couverte d'or pur, à la droite de laquelle est celle de S. Honoré, huitieme Evêque d'Amiens; à la gauche, celle de S. Firmin le Confesseur, troisieme Evêque d'Amiens.

Aux deux piliers principaux du même Autel, sont adossés les figures de la Vierge & de S. Jean-Baptiste.

Les six autres piliers du Sanctuaire, sont revêtus de divers ornemens, surmontés d'Anges, & décorés du médaillon des quatre Evangélistes.

Le Chœur est fermé, dans son contour, par des grilles de fer, qui sont autant de chef-d'œuvres en leur genre; elles sont de différens Maîtres; leurs couronnemens sont le désespoir de la Serrurerie pour leur délicatesse.

Autour du Chœur, en dehors, paroissent plusieurs morceaux de sculpture gothiques remarquables; entr'autres l'histoire de S. Firmin, depuis son entrée à Amiens, jusqu'à son exhumation : il s'y trouve des groupes singuliers.

B ij

L'histoire de S. Jean-Baptiste, depuis sa prédication dans le désert, jusqu'à sa décolation : on apperçoit aussi à côté d'une des portes collatérales du Chœur, l'Enfant Jesus, ronde bosse, en marbre Blanc, par Blasset, qui d'un pied écrase le serpent.

Au Mausolée en marbre blanc, par Blasset, positivement derriere le Maître Autel, l'on voit un petit Enfant, qui pleure ; l'expression de la douleur & les larmes qu'il semble verser en abondance, appuyé sur une tête de mort bien anatomisée, l'ont toujours fait admirer comme un chef-d'œuvre de génie & de sculpture.

Dans l'étendue de l'Eglise, on remarque différens Mausolées qui ne sont pas sans mérite : entr'autres des petits reliefs en marbre blanc, au-dessus de la table chronologique des Confreres de Notre-Dame du Puy, représentant tous les mysteres de la vie de la Vierge;

ils peuvent être regardés avec plaisir.

Les grandes Orgues, commencées au mois de Mars 1422, remises en état à différentes époques, font remarquables, étant soutenues en lair d'une maniere hardie.

Alphonse Lemire, Valet-de-Chambre de Charles VI, Receveur des Aides à Amiens, & Massine de Hénaut, sa femme, contribuerent plus que personne à leur construction ; par reconnoissance, le Chapitre leur accorda la Sépulture au-dessous desdites Orgues, dans la nef, où ils sont représentés sur une lame de cuivre, avec une épitaphe, ils tiennent dans leurs mains le dessin du Buffet.

Le grand Cadran au-dessus des Orgues, a été fait au mois d'Août de l'année 1675, par Arnoult Delamorgue, Horloger de Bordeaux ; sa circonférence est de quatre-vingt-seize pieds ; les heures sont distanciées les unes des autres de huit pieds de Roi moins un pouce; l'aiguille à vingt-sept pieds & demi de long; les heures portent en hauteur deux pieds moins deux pouces; le point qui paroît en forme de lozange, marquant la demi-heure, a huit pouces de haut sur autant de large.

L'Eglise a de longueur, dans œuvre, quatre cens vingt-deux pieds six pouces; de largeur, prise dans la croisée & dans œuvre, cent quatre-vingt-quatre pieds; du niveau du pavé, au-dessous de la voûte, cent trente-deux pieds; hauteur totale du pavé au coq, trois cens quatre-vingt-trois pieds.

Le trésor est très-intéressant pour le grand nombre de Chasses & d'ornemens qui l'enrichissent.

Le 13 Janvier 687, S. Salve, quatorzieme Evêque d'Amiens, fit exhumer le corps de S. Firmin, premier Evêque de ce Siége, qui reposoit à S. Acheul, & le fit mettre dans une

Châsse de bois; celle couverte d'or que nous voyons aujourd'hui, fut faite en 1157.

Celle de S. Firmin le Confesseur, troisieme Evêque, subsiste depuis l'an 1276. Le coffre est d'un bois fort épais, couvert de feuilles de vermeil.

La Châsse de S. Honoré, huitieme Evêque, est de vermeil; celle de Sainte Ulphe est de vermeil; celle de S. Domice, de même matiere; celle de Saints Fucien, Gentien & Victoric est d'argent; la Châsse de Saints Luxor & Warlus, est de vermeil; une petite Châsse de Saint François de Sales. Outre ces choses, le tréfor contient la Tête de Sainte Ulphe, enchâssée dans un buste d'argent doré; un Doigt de l'Apôtre S. Thomas; des Ossemens de Saints Ache & Acheul; un morceau de la vraie Croix dans un reliquaire d'or pur; la partie du Chef de S. Jean-Baptiste, est remarquable; elle fut apportée de Constantinople par Walon de Sarton, né au Village de ce nom, à six lieues d'Amiens, Chanoine de l'Eglise de S. Martin de Piquigny, le 17 Décembre l'an 1206.

Cette Relique est enfermée par un cristal, dans un plat d'or massif, orné de pierres précieuses, donné par Charles VII, Roi de France; ce Monarque avoit beaucoup de dévotion au Saint Precurseur. Voyez le savant Traité du Chef de Saint Jean-Baptiste, du célébre Ducange; il prouve qu'il est son vrai Chef, révoqué en doute par les incrédules.

En sortant de la Cathédrale, par le grand portail, on rencontre au bas du Parvis, à droite, la Paroisse de S. Firmin le Confesseur, troisieme Evêque d'Amiens. La construction du Chœur est de toute la Ville, le seul morceau d'architecture gothique qui ressemble le plus à la Cathédrale. Il fut bâti en 1236,

1236; on lit au pilier, à gauche de la principale entrée, vis-à-vis celle du presbytere, l'épitaphe du célebre Nicolas Blaſſet d'Amiens; il y eſt qualifié d'Architecte & Sculpteur ordinaire du Roi; il fut Marguillier de cette Paroiſſe, dans laquelle il décéda le 2 Mars 1659.

J'ai vu le portrait de cet Artiſte immortel, gravé par l'Enfant, ainſi que différentes Epitaphes gravées par le même, de l'invention de Blaſſet, qui ſe trouvent dans la Bibliotheque des Prémontrés de cette Ville; elles ſont au nombre de ſept, *format in-folio*; leurs différentes compoſitions, prouvent évidemment le génie de l'invention dans l'Artiſte Blaſſet, ſoit dans les ornemens, ſoit dans les figures allégoriques, qui expriment la douleur & combien la vie humaine eſt fragile.

Dans le Chœur, à la droite du Maître Autel nouvellement décoré, eſt

C

un S. Pierre, ronde boſſe, en pierre, ſculpté par le ſieur Morgand, Eleve du célebre Pfaff, Sculpteur du ſiécle; l'expreſſion de la douleur après ſon péché, eſt bien rendue, ainſi que la draperie de ſon manteau. S. Firmin, à gauche du même Autel, eſt du même Artiſte; l'expreſſion de la conſtance dans les ſollicitudes Paſtorales ſe remarque dans la figure; ſes habits pontificaux ſont aſſez bien drapés.

Dans le cul de lampe, derriere le Maître Autel, on apperçoit la Statue, ronde boſſe, en pierre, de S. François de Paule, Fondateur des Minimes, par Blaſſet; cette figure, grandeur naturelle, frappe pour les larges contours d'une draperie bien jettée. A l'un des piliers, à côté du Chœur, on rencontre un petit Mauſolée, ronde boſſe, en pierre, par Blaſſet; un Enfant âgé de huit ans, préſenté par S. Jean-Baptiſte, ſon Patron, à l'Enfant Jeſus, qui lui montre le Ciel pour sa demeure future; l'ensemble en est bien groupé; quelques autres Mausolées ne sont pas sans mérite.

En sortant de cette Paroisse, on entre dans la Place de Notre-Dame, où l'on ne peut se refuser de fixer les yeux sur le Portail de la Cathédrale, dont chaque côté est une tour, l'une contenant des cloches ordinaires, l'autre deux bourdons; le plus gros est regardé comme un chef-d'œuvre pour l'harmonie.

En tournant à gauche de la Place pour entrer dans la rue de Notre-Dame, on peut voir une partie des dehors de la Cathédrale & remarquer entr'autres choses le Clocher en forme de fleche, qui fut achevé le 22 Mai 1533, & béni la même année par François de Halluin, soixante-neuvieme Evêque d'Amiens.

Ce Clocher qui est tout à jour, est soutenu en dedans par quatre poutres de Chataignier, longues de cinquante pieds, qui portent, par les extrêmités seulement, sur les quatre principaux piliers de la croisée ; le tout fut exécuté par Simon Taneau, du Village de Contenchy, à trois lieues d'Amiens ; la charpente est si bien assemblée & fixée à fleur sans cheville dans les mortaises du pivot du milieu, sur-tout par le haut, que les vrais connoisseurs en ce genre, attestent qu'elle est presque inimitable.

En poursuivant son chemin, on tourne la premiere rue à gauche, nommée de l'Evêché, en cotoyant la Paroisse de S. Michel, dans laquelle il n'y a rien de remarquable, pour entrer dans le Palais Episcopal, par une porte majestueuse, suivie d'une avenue qui conduit dans le Palais, meublé simplement, mais orné de quelques Tableaux de Grands Maîtres.

En sortant, l'on tourne à gauche ;

pour entrer dans la rue du Soleil, au bout de laquelle, à gauche, est celle des Augustins. L'Eglise de ces Religieux n'a rien de remarquable dans sa construction; mais on voit à l'Autel du côté droit de l'entrée du Chœur, S. Fiacre, ronde bosse, en pierre, grandeur naturelle, par Blasset; son attitude est des plus intéressantes. Ce Saint se tourne avec intention du côté du jour, pour trouver ce qu'il cherche dans un livre; à l'Autel, du côté gauche de l'entrée du Chœur, un Tableau original représente S. Augustin, tenant un Enfant mort qu'il présente à la Vierge pour le ressusciter. Claude François, dit le Frere Luc, Religieux Récollet, Eleve du Célebre Lebrun & originaire d'Amiens, mort en 1685, s'est peint lui-même dans ce Tableau, sous la figure de l'Enfant & de Récolet, étant tombé en bas du Pont du Cange dans la riviere de Somme: on raconte qu'il dut son salut à une espece de miracle, & cet accident fait partie du fond du Tableau.

Les Stales du Chœur sont d'une régularité & d'une sculpture simple, qui les rendent intéressantes ; dans le Sanctuaire, douze Tableaux donnés par le Cardinal de Richelieu, comme le prouvent ses armes qui sont au bas, le décorent beaucoup ; les six qui ornent le côté gauche du Maître Autel, représentent divers sujets de la Vie de S. Augustin ; les six du côté droit représentent différens mysteres de la vie de la Sainte Vierge, Mere de Dieu ; ces morceaux méritent d'être considérés des Amateurs, toujours curieux de la correction du dessin & de la fraîcheur du coloris ; leur ensemble annonce qu'ils sont faits dans la maniere de Stella, Peintre Lyonnois, mort à Paris en 1657.

En sortant de cette Eglise, on reprend le chemin qui y a conduit, laissant à gauche l'Eglise des Peres de l'Oratoire, qui n'offre rien qui fasse arrêter.

On passe à droite, comme si l'on retournoit vers la Cathédrale pour entrer à gauche dans la grande rue S. Denis; vers le milieu, on rencontre, du même côté, le Bureau des Finances, bâti en 1638; le Corps de logis est remarquable pour la régularité de sa construction. Le Cardinal de Richelieu y fit sa demeure pendant le siége d'Arras; il alloit souvent aux Augustins, & il leur donna par amitié les Tableaux qui décorent leur Sanctuaire, comme on l'a dit.

Au bout de la rue, en face, on rencontre, tirant un peu sur la gauche, le Cimetiere de S. Denis, » triste dépôt » (dit Monsieur l'Abbé Daire) des cen- » dres de la plus grande partie des Ha- » bitans; espece d'archive publique qui » renferme les titres primordiaux des

» familles «. Ce Cimetiere commun est entouré de Cloîtres : on remarque au-dessus de la premiere arcade, en face de la principale entrée, sur la rue, une Statue assez estimée, ronde bosse, en pierre, d'un *Ecce Homo*, par Blasset. On distingue en outre un grand nombre de Mausolées; le plus frappant est celui de la famille des Hemart, Bourgeois d'Amiens, placé au-dessus de la dixieme arcade, à la droite de la premiere d'entrée; il représente la Résurrection du Lazard, ronde bosse trois quarts, en pierre, par Blasset; la composition exacte fait voir tour-à-tour, dans l'ensemble des figures bien grouppées, l'expression de la douleur, de l'étonnement & de l'admiration sur le miracle qui opere une résurrection si désirée.

Cette scene attendrissante & pleine de mouvement, se passe dans un Palais qu'une architecture & une colonnade réguliere, font regarder avec admiration; les quatre vers suivans de la composition de Blaffet, font au bas de ce monument :

» Paffant, tous nos jours font enfin paffés ;
» En paffant, priez pour les Trépaffés ;
» Car penfez que fi nous fommes paffés,
» Vous pafferez avec les Trépaffés.

Derriere la petite & principale Eglife, à gauche de l'entrée du Cimetiere, on lit l'épitaphe du premier & dernier de nos Compatriotes en fon genre (le Célebre GRESSET) décédé le 19 Juin 1777, âgé de foixante-neuf ans; l'énumération des prérogatives que lui a mérité fon génie pendant fa vie, font les feuls objets que ce monument préfente aux regards curieux; éloge plus durable de ce Grand homme, que tous les vains ornemens de la fculpture, détruits tous les jours infenfiblement par la main du temps, ce vieillard des vieillards.

De ce Cimetiere, on tourne à gauche pour entrer dans la rue du Collége; on y apperçoit, à gauche, la porte d'entrée de l'Eglife du Collége, au-deſſus de laquelle eſt pour tout ornement une guirlande de fleurs en ſculpture & bien tombante pour ſon genre; dans l'Eglife qui n'a rien de beau par elle-même, le Tableau du Maître Autel, repréſentant la deſcente du Saint-Eſprit, peint par Cazes, en 1715, mérite d'être vu pour la compoſition, la vérité du coloris & ſon expreſſion totale.

Delà, à gauche, & à quatre pas de diſtance, on entre à droite dans la rue des Jacobins, où l'on rencontre une Croix en pierre de taille, tout d'une piece, de quinze à dix-huit pieds de hauteur, en forme de colonne, ſur deux pieds quatre pouces de circonférence; les Chanoines de la Cathédrale viennent y chanter en proceſſion, tous les ans une Antienne le jour des Rameaux.

En continuant son chemin à droite, on rencontre à gauche l'Eglise des Dominicains ; au-dessus de la porte d'entrée de leur Couvent, assez réguliere pour son Architecture, paroît une Vierge, ronde bosse, en pierre, grandeur naturelle, par Blasset; dans l'Eglise, édifice vaste, sans régularité, il y a dans la nef une chaire en forme de baldaquin; c'est un morceau superbe de sculpture en bois, par Cressent, Artiste d'un rare talent; les Stales antiques du Chœur sont ornées de reliefs assez estimés ; ils représentent l'Histoire du Nouveau Testament : au-dessus l'on voit de côté & d'autre, plusieurs statues de Saints, ronde bosse, en pierre, par Blasset; le Maître Autel rotonde, à la Romaine, en bois, est le plus bel ouvrage qu'on puisse voir, pour l'ordonnance, la majesté & la légéreté de la sculpture.

Le Tableau de l'Autel est original du Frere Luc; il représente l'Assomption de la Vierge; la composition en est singuliere.

De cette Eglise, on va aux Ursulines; c'est à la Mere dite Sainte Madeleine, Religieuse de ladite Communauté, que nous devons les dessins des superbes & nombreux Tableaux qui décorent l'Eglise, qui passe pour un bijou; cette Religieuse avoit été formée dans l'art du dessin & de la peinture, par Quentin Warin, son pere, Peintre célébre, originaire d'Amiens; elle mourut sans y donner le dernier coup de pinceau; heureusement elle avoit pour associées dans ce travail immense, Françoise Becquerel, Marguerite Canteraine & Françoise Ducrocquet, toutes trois de la même Ville, & ses Eleves, qui exécuterent en peinture ses dessins.

Il est malheureux qu'une partie de

ses Tableaux aient perdu leur premier mérite par l'inertie d'un prétendu Peintre Religieux Auguſtin. Le Crucifix de la voûte eſt un morceau rare de racourci & de perſpective. Le Tableau du Maître Autel, repréſente une Aſſomption de la Vierge, brodé en laine; un enſemble d'exécution & de vivacité de couleurs, le font admirer des Connoiſſeurs.

On rencontre à quelque diſtance du même rang, l'Egliſe du Paraclet, qui n'eſt remarquable que par le Tableau du Maître Autel, qu'on dit être original du célebre Coypel; il repréſente la deſcente du S. Eſprit.

De la rue des Jacobins, on tourne à gauche dans celle des Rabuiſſons, où l'on voit, du même côté, l'Egliſe de la Viſitation, qui ne contient rien de remarquable. Un peu au-deſſus, eſt l'Hôtel de l'Intendant, bâti nouvellement en vertu d'Arrêt du Conſeil, du 20 Novembre 1761 ; la porte d'entrée est d'un bon goût ; le corps de bâtiment est bas & ne flatte pas ceux qui aiment les bâtimens élevés; mais on doit faire attention qu'il en est plus commode, & que cette commodité vaut mieux que l'élégance.

Tirant vers le Rempart, & toujours à gauche, on arrive au Couvent des Feuillans, dans l'intérieur duquel on remarque une excellente copie du Tableau du Titien, représentant Notre-Seigneur mis au tombeau; elle est si bien faite, & les tons de couleurs si bien appropriées, qu'on croit qu'elle fut positivement copiée avec réflexion sur l'original ; deux autres Tableaux de Piété, ne sont pas sans mérite, non plus que les deux grandes Estampes, belles d'épreuves, gravées par Audran, d'après Lebrun, représentant la bataille & le triomphe de Constantin.

On apperçoit au bout de la rue, &

en face, la Fontaine récemment construite ; elle auroit bien rendu l'idée
premiere de M. Rousseau, Ingénieur
de la Ville, qui en donna le dessin ; si
l'eau avoit pu monter au-dessus de la
Naïade en relief, faite en pierre, pour
retomber dans la coquille, que le trop
plein auroit fait cascader sur le petit
rocher qui la soutient, & qui semble
être là posé de la main de la nature.

A droite de cette Fontaine, on entre
dans le Mail, promenade composée
d'une seule allée, plantée des deux
côtés au pied du Rempart ; elle existe
depuis l'année 1703, comme elle est
aujourd'hui, & est très-agréable dans
la belle saison pour l'air frais qu'on y
respire ; elle porte d'étendue onze cens
soixante-quatre pieds.

Revenant sur ses pas, par la même
rue, on rencontre sur sa gauche le
Couvent de Maureaucourt, où rien
n'intéresse ; & continuant son chemin,

on prend à gauche la rue des Cordeliers, pour entrer dans leur Eglise ; dans le Chœur un Mausolée en marbre, exécuté en grand en 1632, par Blaffet, contient beaucoup de détails bien rendus ; c'eſt le ſeul morceau en marbre de cet Artiſte à Amiens, qui prouve beaucoup de travail.

Dans le Réfectoire, ſept Tableaux de piété ; ils repréſentent la Cananée, la premiere apparition de Jeſus-Chriſt à la Madeleine, la Cêne, la Samaritaine, la diviſion des Apôtres, la tentation de Jeſus-Chriſt au Déſert, & ſon Baptême par S. Jean (1). Ils furent tous peints en 1717 & 1720, par le célebre le Moine, Peintre du Roi ; on apperçoit déja dans la vérité de l'exécution,

---

(1) Cet article n'eſt malheureuſement ici qu'en renſeignement, ces Tableaux venant d'être achetés à l'inſtant par M. le Baron d'Eſpagnac.

le génie, la touche ferme & moëlleuſe du Peintre immortel du Sallon d'Hercule, admiré chaque jour à Verſailles par toutes les nations.

En traverſant à gauche, le reſte de la rue, on entre dans la grande rue de Beauvais, que l'on ſuit du même côté, pour gagner l'Abbaye de S. Martin aux Jumeaux, Ordre de Sainte Génevieve; dans l'Egliſe eſt un Tableau de Halle, Peintre de mérite, repréſentant le Baptême de Notre-Seigneur; il porte en date 1714: le même côté conduit à l'Egliſe de l'Hôpital de Saint Charles, où paroît en relief trois quarts en pierre, par Creſſent, le groupe de l'Aſſomption de la Vierge, beau d'exécution, ainſi que le Tabernacle, du même Artiſte.

Quittant cette Egliſe, on prend à droite, en revenant ſur ſes pas, la rue des Wattelets, au bout de laquelle, à gauche, en entrant dans la rue

D.

de Saint Jacques, on trouve l'Abbaye de S. Jean, Ordre de Prémontrés, Maison superbe, bâtie sur les dessins & par les soins d'Etienne Defaye, noble d'extraction, sourd & muet de naissance, habile Architecte. Dans l'Eglise, à chaque pilier de la nef, est une statue de Saint, ronde bosse, en pierre, assez bien sculptées ; on remarque entr'autres, une statue de la Vierge, en marbre blanc, par Blasset, adossée au pilier, vis-à-vis de la chaire ; cette Vierge est un don du Prince de Condé, après la victoire qu'il remporta au Crotoy ; les armes du Prince & de la Princesse, sont au bas.

Dans les deux bas côtés, on voit des Confessionnaux, dont la forme & la sculpture, fixent les regards des curieux ; ils sont artistement posés dans l'épaisseur des murs ; dans le Chœur, on voit des Stales dans un goût nouveau, & assez bien sculptées ; le Maître

Autel est une petite rotonde à la Romaine, qui n'est point mal en son genre.

Presque vis-à-vis & à gauche, est l'Eglise des Carmélites, dites les Filles de Sainte Thérese, dans laquelle on remarque le Tableau en grand du Martyre S. Eugene, peint en 1771, par Marseille.

En suivant à gauche la rue de S. Jacques, on rencontre l'Hôtel des Gardes du Corps du Roi, en quartier à Amiens, depuis 1758 ; la façade, quoique bâtie nouvellement, dans le goût ancien, n'est point mal en son genre.

Un peu plus bas, du même côté, l'on remarque à la façade du sieur Augustin Laurent, un balcon ou tribune à l'Italienne, portant quarante-un pieds six pouces de longueur, sur vingt-trois pouces & demi de saillie, de l'invention du sieur Duformentel, Maître Maçon en cette Ville, Homme de goût pour les bâtimens.

En continuant la traversée de la rue de S. Jacques, on prend à droite pour entrer dans la rue des Capucins, vers le milieu de laquelle on trouve leur Couvent; l'Eglise est ornée de Tableaux; celui du Maître Autel, représentant la descente du Saint-Esprit, peint par le grand Hergosse, Peintre Flamand, est beau pour le clair obscur.

Le Tableau qui est à l'Autel du milieu du bas côté de l'Eglise, représentant une Sainte Famille, est de Laurent Delahyre, Peintre François; sa composition exacte, sa maniere de peindre, rendue par un doux coloris, le font regarder avec plaisir; aussi ce Tableau a-t-il été gravé par Faytorne; l'Estampe se trouve, à Amiens, en divers endroits.

Dans la Sacristie, se présente un plafond fait en pâte de papier, qui offre une colonnade en perspective; & dans leurs intervalles, différens camaïeux, repréfentans divers fujets de la vie de S. François d'Affife ; ce dernier eft au milieu, dans un char lumineux, qui lui fert d'Apothéofe. Ce plafond paffe pour un chef-d'œuvre, tant pour la vérité du coloris que pour celle de la perfpective.

Delà on prend à gauche la petite rue des Vermoines, que l'on traverfe en entier, au bout de laquelle, on tourne du même côté pour entrer dans celle des Foffés S. Méry, qui conduit à l'Eglife des Carmes Déchauffés, dont le portail s'annonce par un vafte Péron qui en fait remarquer la majefté; il eft décoré d'une fimple architecture; au Maître Autel à la Romaine, font quatre figures, grandeur naturelle, ronde boffe, en bois, qu'on dit être du célebre Creffent; dans la falle de plein pied qui fuit la Sacriftie, l'on remarque un Chrift en marbre blanc, tout d'une piece, & de toute beauté en son genre ; il est de Cressent.

Le Cloître voûté en plafond, & vitré dans son contour, est le seul des Couvents d'Hommes de cette Ville, qui puisse inspirer le goût de la retraite, si cherie des vrais Religieux.

En sortant par la porte du Péron, vis-à-vis laquelle est la maison où est décédé le célebre Gresset, on gagne à droite le bout de la rue des Fossés S. Méry, pour tourner dans celle de S. Jacques, en laissant à sa gauche la fontaine & la Paroisse du nom. En continuant de descendre tout droit la rue de l'Aventure, on parvient au Château d'Eau, qui renferme la Machine hydraulique, bâtie en 1753 ; elle est destinée à fournir de l'eau à toutes les fontaines de la Ville ; cette Machine mérite la curiosité des étrangers, par la simplicité de son méchanisme, qui fait monter l'eau, comme par enchantement, à quatre-vingt pieds de hauteur, dans une cuvette qui la subdivise en autant de fontaines, si utiles en cette Ville; elle est de l'invention du Pere Féri, Minime, & non de celle du sieur Ricquier, qui se l'attribue.

De ce Château d'Eau, on entre à droite sur le Quai, où l'on débarque principalement les eaux-de-vie & les épiceries dont on fait une si grande consommation; on voit aussi le Pont S. Michel, bâti en 1481, & en son genre aussi hardi que le Pont Neuf à Paris; ce qu'il y a de remarquable, c'est que les arcades tournées obliquement, par rapport au courant d'eau, se présentent droites à l'œil.

En tournant à droite du Quai, on monte à l'Eglise de S. Firmin, dit à la Porte; le Tableau du Maître Autel est bien frais & bien conservé; il représente l'Assomption de la Vierge, peint par Halle, en 1722; la composition, quoique simple, en est belle; le groupe d'Anges qui portent la Vierge, a toute la légéreté de son genre.

Auprès de cette Église, l'on remarque la pierre en gré, & en forme de table, dite de S. Firmin; elle fut posée là en 1528, en la Place d'une autre, pour transmettre à la postérité un fait qui se passa sous l'Episcopat de Saint Géoffroy, trente-huitieme Evêque, qui fut élu l'an 1104; on avoit résolu de porter la Chasse de S. Firmin dans les dehors & environs de la Ville; la Chasse étant posée sur cette Table, comme il est d'usage, pour laisser reposer ceux qui la portent, s'appesantit au point qu'on ne put plus la remuer, ce qui donna l'idée de retrograder, pour la reporter à la Cathédrale, & elle s'y prêta facilement.

De cet endroit, on monte à gauche dans la rue des Sœurs-Grises, ainsi nommée du Couvent de ce nom, pour tourner à droite dans celle de S. Germain,

main, & aller voir la Paroisse de ce nom, dont l'édifice est le plus régulier qu'il y ait ici dans le goût gothique après la Cathédrale. Dans la nef, au pilier qui se trouve en face de la Chaire, qui n'est point mal en son genre, est adossé un *Ecce Homo*, ronde bosse, en pierre, qui joint à une figure noble, toute l'expression de la douleur & le prononcé d'un beau nud, que recouvre légérement une draperie bien jettée ; c'est un des chef-d'œuvres de Cressent. Dans le Chœur, on voit à un pilier, à gauche en entrant, une Vierge, ronde bosse, en pierre, qui n'est pas sans mérite.

Le surnom de foux que l'on donne aux Paroissiens de S. Germain, vient de ce que Henri le Maître de Misiel, Bourgeois d'Amiens, mort le 2 Novembre 1449, & Jacqueline de Fontaine, son Epouse, décédée le 21 Septembre 1456, fonderent une Messe

E

perpétuelle, qui se dit chaque jour à six heures du matin, par un Religieux de l'Abbaye de S. Jean d'Amiens, lequel avant de commencer l'*Introït*, est tenu de nommer au Peuple les Fondateurs, & de dire *Pater & Ave*, sous peine d'amende. Cette fondation consiste en un fief situé à Meziere en Sangterre, lequel rapporte un septier de bled par jour.

La fabrique refusa cette donation dans le temps, parce qu'alors le bled étoit au plus bas prix. Voilà suivant l'Histoire de notre Pays, l'origine du nom de foux que donne la Populace aux Paroissiens de S. Germain.

En sortant de cette Eglise par la porte du côté de la rue de S. Germain, on descend à gauche, & l'on atteint la place du Marché aux Herbes, où neuf rues aboutissent ; elle seroit plus remarquable, vu son étendue, si elle étoit moins en pente & plus unie.

Près cette place, en montant à droite par la rue des Chaudronniers, est le Beffroy, où passe la nuit le Guéteur, qui annonce toutes les heures par un coup de cornet, pour faire connoître aux Citoyens qu'il veille à leur conservation & aux incendies; cet édifice fût reconstruit comme il existe en 1748. L'Horloge fait par Mauvoisin, passe pour un morceau achevé.

A peu de distance, sur la Place au Fil, on rencontre la Paroisse de Saint Firmin le Martyre (dit en Castillon) diminutif de Château qui fut bâti par les Romains, où est actuellement l'Eglise; l'on voit à l'endroit des cloches le cachot souterrain où fut décapité S. Firmin, premier Evêque d'Amiens, sous l'Empire de Dioclétien, l'an du monde 303; la Chaire, quoique d'un goût ancien, est estimée pour la sculpture; dans le Chœur, au côté gauche du Maître Autel, est un S. François.

d'Assise, ronde bosse en bois, bien sculpté.

En face de l'Eglise est l'Hôtel-de-Ville, restauré dans le goût moderne; dans la Salle d'en haut, paroît une Vierge en pierre, par Blasset.

A côté de l'Hôtel-de-Ville, s'offre la Halle marchande, ou foraine, qui vient d'être reconstruite en neuf, voûtée en pierre de taille; sa distribution intérieure est assez bien faite; elle auroit toute la commodité que comporte une Halle, si elle étoit un peu plus large.

En sortant par la porte, du côté des fontaines, on trouve à droite, & à peu de distance, l'Hôtel de la Résidence des Gardes du Corps du Roi; on voit au-dessus de la porte d'entrée, un Fronton bien sculpté, par Cressent.

Revenant sur ses pas, on passe par la rue de la Viéserie pour aller directement à la Place de Périgord, que l'on a commencée en forme à peu près ovale : sept principales rues y aboutissent; on l'exécute d'après les desseins de M. Rousseau, Ingénieur de la Ville; la premiere pierre en fut posée par Madame la Duchesse de Mailly, le Mercredi 15 Mai 1782.

Au milieu de cette Place s'élevera un obélisque en marbre, dont la base sera de diverses couleurs ; il portera dans toute sa hauteur quarante-cinq pieds au moins ; à ses quatre faces, une figure vomira l'eau dans un bassin en forme de coquille.

De cette Place, on se rend dans la rue des Trois-Cailloux, où l'on rencontre, un peu avancé, sur sa gauche, la façade de la maison de MM. Debonnaire, estimée pour sa régularité.

Du même rang subsiste encore l'endroit nommé le Logis du Roi, bâti par François-premier, qui s'y trouve représenté en buste, ainsi que plusieurs de ses Successeurs. Deux Tours construites en briques & pierres, à droite & à gauche, contiennent chacune un escalier voûté, en brique en forme de spiral ; ils peuvent servir de modéles en leur genre pour la régularité de leurs constructions.

La façade de la Salle de Comédie, nouvellement construite à côté du Logis du Roi, est remarquable pour la sculpture, qui fait l'éloge de M. Carpentier, Artiste d'Amiens. On y joua pour la premiere fois, le 21 Janvier de l'année 1780.

Le Rideau d'avant-scene, de la main du célebre Sarazin, Décorateur de l'Opéra, mort depuis peu ; le Palais, chef-d'œuvre de Majesté & de perspective ; le Salon orné richement ; le petit Salon très-simple ; la Place Publique, qui fait illusion ; la Maison Rustique ; enfin, la Forêt qui a toute l'immensité de son genre, sont autant de décorations superbes.

En revenant sur ses pas, on tourne à droite pour entrer dans la rue des Sergens, que l'on suivra jusqu'à ce que l'on rencontre à droite celle des Crignons, qui conduit tout droit à l'Eglise des Célestins, édifice superbe dans le goût moderne, bâti sur les desseins & sous la conduite de Michel-Ange Caristie, Architecte Italien; M. Sabatier, Evêque d'Amiens, en posa la premiere pierre le 23 Mars 1732.

Le Portail est des plus majestueux; l'architecture & la sculpture très-régulieres; le Dôme entre le Chœur & la nef, est bâti dans un bon goût; il a toute la majesté de son genre; au milieu de l'Eglise une espece de piedestal en cuivre tout à jour, de la hauteur de quatre pieds, apprend à la postérité la plus reculée, que ce fut où Saint Martin, depuis Evêque de Tours, passant par Amiens, sous l'Empire de Constantin le grand, divisa son manteau vers l'an du monde 337, comme l'exprime ces vers en caracteres gothiques :

En l'an trois cent, ajoutez trente & sept,
St. Martin chy divisa s'en Mantel.

La grille du Chœur en fer, est un morceau remarquable pour sa légéreté. Les stales sont bien sculptées ; elles représentent la vie du Sauveur.

A côté de cette Eglise, à droite, est la Collégiale de S. Nicolas, bâtie en 1193 ; quoique très-massive, elle est cependant assez réguliere; sous le grand Portail, à gauche, est la Statue de Philippe Auguste, à droite & vis-à-vis celle d'Ingelburge, son épouse ; c'est en cette Ville que le Monarque l'épousa la surveille de l'Assomption, l'an 1192, & la fit couronner le lendemain par Guillaume de Champagne,

Archevêque de Rheims, en préfence des Evêques d'Arras, de Térouane & de Cambrai.

Cette Collégiale avoit autrefois, haute & baffe fonnerie ; lors du fiége de la Ville d'Amiens, en 1597, les Canonniers emporterent toutes les Cloches, & les vendirent depuis à la Paroiffe de S. Jacques de la Boucherie, à Paris.

De la rue S. Nicolas que l'on traverfe jufqu'au près de la Cathédrale, on gagne à gauche, en ligne directe, la rue du Beau Puits, au bout de laquelle eft la Paroiffe de S. Martin, petit édifice affez régulier, & la feule Eglife ifolée au milieu de la Place qui porte fon nom. Dans la Sacriftie, on voit avec vénération un Calice, dont la forme eft tout-à-fait antique, qui porte en hauteur dix pouces, & fa coupe quatre pouces de diametre, donné par S. Thomas, Archevêque de Cantorbery, qui y célébra la Messe dans la Chapelle à la droite du Chœur, en retournant en Angleterre.

Ce Saint fut Chancelier du Roi d'Angleterre, Henri II, qui régnoit l'an 1156, & mourut l'an 1189; ayant soutenu avec trop de chaleur les droits de l'Eglise, il devint l'ennemi de ce Monarque, & fut obligé de se réfugier à la Cour de Louis VII, dit le jeune, Roi de France, qui fut son Protecteur. Le Monarque François avoit tant de vénération pour ce Saint, que ce n'est qu'après un pélérinage fait à son Tombeau en Angleterre, qu'il fit couronner de son vivant, suivant la politique du temps, son Fils Philippe, surnommé l'Auguste.

Après avoir descendu la Chaussée de S. Leu, les yeux sont frappés de la Citadelle, commencée sous le Regne de Henri le Grand, le modele de nos Rois, qui en donna l'idée en 1597, après la reprise de cette Ville sur les Espagnols. Le plan en fut tracé au mois de Mars 1598; elle a neuf cens vingt toises de contour.

Dans la traversée de cette Chaussée, on a rencontré, à droite, la Paroisse de Saint Leu, où rien n'est à remarquer; mais à gauche est la porte d'entrée de l'Hôtel-Dieu, Hôpital desservi par des Religieuses de l'Ordre de S. Augustin; elle est remarquable pour son architecture & sa sculpture, quoiqu'un peu écrasée.

De la Citadelle, on gagne à gauche la Porte de S. Pierre, la plus belle des quatre de cette Ville, pour sa construction solide & sa sculpture; au-dessus de laquelle & dans le milieu, il y a une niche où étoit le Buste en bronze d'Henri IV, surnommé le Grand, avec cette inscription gravée en lettres d'or sur le marbre:

Ut beneficum sidus fortissimi Henrici

quarit vultum posteri norint, quem urbs & orbis gallicus Regem ac liberatorem habet.

En faveur de ceux à qui le latin est étranger, on prend la liberté de la traduire :

» La postérité regardera comme un
» astre bienfaisant ce Buste d'Henri IV,
» recommandable par son courage, lui
» que la Ville & toute la Picardie re-
» garde comme son Libérateur.

Ce Buste est actuellement dans la Chambre du Conseil de l'Hôtel-de-Ville, comme dans sa vraie place.

Dans l'Eglise, au Fauxbourg de S. Pierre, on voit une Creche de fil de fer, délicatement travaillée, donnée par Charles Lejeune, habile Méchanicien, en 1734.

En revenant du Fauxbourg à la Ville, on prend à gauche, vis-à-vis les Cazernes de la Maréchaussée, & l'on monte sur le Rempart qui entoure &

défend cette Place, par son élévation, dans une lieue de circuit ; on le regarde, & avec raison, comme un des plus beaux de l'Europe ; il est inaccessible en dehors, par d'immenses fossés qui le défendent.

Souvent on si promene pour y respirer un air pur, en jouissant de la vue de mille objets intéressans ; d'un côté, on voit la Ville qui présente à chaque pas des vues d'optiques ravissantes, soit les dehors de la Cathédrale, qui dominent tous les édifices, & qui semblent se reproduire suivant la couleur du temps qui les nuance, soit des Hôtels bien bâtis, qui contrastent avec les simples maisons des particuliers, soit enfin des avenues des jardins de plaisances qu'ont embellis l'art & la nature, formant autant de payfages enchanteurs, qui fixent la vue en délassant l'esprit.

D'autre côté, on est ravi du riant

tableau que présente à perte de vue la Campagne dans la belle saison; là, des bosquets touffus, invitent le Voyageur à se délasser sous leurs ombrages épais; plus loin, le vigilant Moissonneur & sa famille, dépouillent en chantant le grain qu'a produit dans leur champ leur laborieuse culture; plus près, des côteaux, des ruisseaux, des prairies émaillées de fleurs, fixent les regards par leurs contrastes singuliers, & font pour ainsi dire, oublier la promenade par la satisfaction qu'on éprouve.

On rencontre aussi dans cet espace de Rempart, les trois Ponts sous lesquels passe la riviere de Somme, pour entrer dans la Ville; savoir, celui des Célestins, de Barabant & du Cange; cette riviere se divise en douze canaux depuis la Citadelle jusqu'à la rue du Hoquet; ils sont d'une utilité remarquable pour les Taneurs, les Brasseurs

& les Teinturiers. Leurs eaux vivifiantes, font tourner onze moulins à bled, & la farine qui en fort, fait vivre les trois quarts des Habitans.

Le Roi Louis XI vint en cette Ville le 28 Juin 1473, pour visiter sa petite Vénise, surnom que donna ce Monarque à la Ville, vu les Canaux qui sont dans son enceinte.

La Somme prend sa source au Village de Fond-Somme, d'où dérive son nom, à trois lieues au-dessus de la Ville de S. Quentin.

Depuis le Pont du Cange, bâti en 1429, cette riviere se divise jusqu'au Pré nommé Porus, qui n'est qu'une accrue de la Somme, en plus de soixante Canaux sur lesquels on se promene en bateaux : ces Canaux arrosent & fertilisent des pâturages, des jardins fruitiers & potagers, dont les productions font une branche de commerce considérable.

C'est sur cette riviere que la nuit du premier Mardi d'Août de chaque année, l'on va à la Chasse aux Cignes ; elle n'est cependant plus une Chasse véritable depuis 1704, qu'elle fut abolie : c'est en mémoire de l'ancien usage que la riviere est alors couverte de bateaux chargés de personnes de tout état & conditions, tant Citoyens qu'Etrangers, pour s'y divertir au flambeau ; c'est peut-être le seul divertissement en ce genre dans le monde entier. Elle est encore une des belles promenades de jour que l'on puisse désirer.

Quant à l'origine de ladite Chasse aux Cignes, voyez l'Histoire d'Amiens de M. l'Abbé Daire, page 501 & suivantes.

Sur le Rempart, on rencontre encore le Pont de la Barette, qui sert d'entrée à la Voirie, promenade qui a pris son nom d'une élévation de terre voisine dudit Pont où l'on couvroit

vroit le corps des suppliciés jugés indignes de la Terre sainte.

Cet endroit bien différent de nos jours, est embelli de plusieurs maisons qui sont autant de Guinguettes & Cabarets agréables, tant pour leurs positions sur le bord de la Somme que pour leurs jardins divisés en berceaux charmans, qui rendent cette promenade très-intéressante l'Eté par l'air frais qu'on y respire.

En face de l'entrée de ces maisons, regne un tapis de gazon qu'arrose la riviere de Moreuil, depuis la Neuville jusqu'à la Barette, cela ajoute un nouvel agrément à la Voirie.

Dans le cours de la promenade du Rempart, on rencontre la Porte de Noyon, dont le Pont bâti tout à jour en brique, est remarquable pour l'élancé de ses arcades.

Dans le Fauxbourg du même nom, est bâti le Séminaire, édifice considérable, dont la premiere pierre fut posée le 16 Février 1739. Dans l'Eglise sont deux Autels collatéraux, qui ont pour décoration principale, chacune une Statue, ronde bosse en pierre : celle à gauche du Maître Autel, représente S. Vincent de Paule, grandeur naturelle, & Fondateur des Lazaristes, Directeurs de ce Séminaire; il est impossible d'imaginer qu'on puisse draper en sculpture plus légérement qu'elle l'est dans ce morceau exécuté par M. Pfaff.

La Statue de la Vierge, à droite, a beaucoup de grace; elle est de même matiere, & du même Artiste, justement célebre dans notre siécle.

Au-dessus de cette Eglise, à une certaine distance, est l'Eglise de S. Acheul, édifice bâti dans le goût moderne, qui, dès la plus haute antiquité, fut un lieu de vénération, trempé du sang des Martyrs qui y ont leurs Tombeaux. C'est le 10 Janvier 1697, qu'on y découvrit six Tombeaux, entr'autres celui de Saint Firmin, Martyr, premier Evêque d'Amiens, qui attire toute l'année un grand concours de dévotion. Ce Tombeau, ainsi que les autres, est directement derriere le Maître Autel, surmonté d'une grille de fer, à six pouces de terre, à travers laquelle on voit le souterrein & la place où il fut enterré.

C'est dans ce Fauxbourg qu'on amassoit anciennement quantité d'os de différentes bêtes, pour les brûler en feux de joie ; delà dérive le nom de feux d'os que donne le Peuple de Picardie aux feux de joie publics, & aux petits feux de paille que font les enfans de toute cette Province devant leur porte pour se jouer.

En revenant par la même porte de la Ville, en tournant à gauche pour suivre le reste du Rempart, dans la traversée on rencontre la Porte de Paris; qui fut fermée l'an 1607; étant trop près de celle de Noyon & de Beauvais; son emplacement sert aujourd'hui de prison.

Du même côté, & dans le Fossé, l'on apperçoit le bastion de Longueville, que l'on nomme vulgairement Eperon; il est en briques, & a pris son nom de Léonor de Longueville, Gouverneur de la Picardie, qui en posa la premiere pierre en 1571; il fut achevé en 1588; cette Forteresse pourroit servir de prison dans un cas de guerre; on y voit des restes des armes de France, de Longueville & de la Ville d'Amiens.

Plus loin, après la Porte de Beauvais, paroît dans le Fossé, l'Eperon de Guy de Heucourt, du nom d'un Bailli d'Amiens, en 1382; il fut construit en 1553, sous Henri II, Roi de France, comme le montre son Ecusson; cette Forteresse pourroit servir de prison dans un cas de guerre ; elle est construite en briques, & se trouve baignée dans le bas, par la Fontaine des Freres, dont la source abondante fournit de l'eau aux Fontaines de la Ville ; elle fut surnommée des Freres, par rapport aux Prémontrés de l'Abbaye de S. Jean d'Amiens, qui demeuroient anciennement dans la Ferme de Saint Roch, vis-à-vis de ladite Fontaine, & dont les terres sont voisines des Fossés de la Ville.

Plus loin, en suivant la même route, est la Porte de la Hotoye, sous laquelle on passe pour aller à la promenade, dite la Hotoye, surnommée mal-à-propos le Cours ; elle appartenoit à une famille considérable d'Amiens, d'où descendoit Marie de la Hotoye, qui, suivant l'Histoire d'Amiens, donna ce terrein à la Jeunesse de cette Ville ; la donation est conçue en ces termes : *Je donne le lieu dit la Hotoye, pour* égaudir la Jeuneſſe. Il eſt aiſé de voir, par la préférence qu'a donnée & donne encore cette derniere à la promenade, qu'elle y a un droit excluſif.

C'eſt en l'année 1742, que ce terrein a commencé à devenir plus intéreſſant, ſous les Auſpices de M. Chauvelin, homme de goût, Intendant de la Généralité de Picardie, que remplace de nos jours M. le Comte d'Agay. Cette promenade ſera toujours au-deſſus de toute deſcription par ſa beauté unique.

A la droite eſt la petite Hotoye en forme d'iſle, ornée de fleurs dans la belle ſaiſon. Les Promeneurs ſont attirés par l'odeur qu'elles y répandent, & l'air frais qu'on y reſpire.

Au milieu de cette Iſle s'éléve la Statue, ronde boſſe, en pierre de la Déeſſe Flore, par Creſſent ; elle a toute la grace & le ſvelte de ſon genre.

A gauche, on apperçoit la grande

Maison de force, appellée le Dépôt, bâti nouvellement. Cet endroit de refuge fait l'éloge des ames sensibles, qui en donnerent l'idée premiere; l'humanité souffrante s'y trouve nourrie, & y respire un air pur, qui la dédommage de ses malheurs.

On peut aller à un demi-quart de lieue de là, dans l'espece de Village, nommé le Petit S. Jean, où l'on distingue des maisons de plaisance, principalement celle de M. Rousseau, Ingénieur de cette Ville. Le talent du célebre Lenotre, n'auroit point tiré parti avec plus d'art & de goût, du terrein vague, qui forme aujourd'hui l'un des beaux Jardins de la Province.

Le pavillon ou pied à terre, prouve l'universalité des talens de l'Artiste; il est d'une régularité singuliere.

Si l'Etranger, dans les courses nombreuses qu'il fera dans la Ville & ses environs, étoit surpris du mouvement qu'il y a parmi le Peuple, & du bruit qu'il occafionne ; il pourra fe convaincre par lui-même, que c'eft l'effet de quatre mille cinq cens métiers que font mouvoir journellement autant d'Ouvriers qui fabriquent les étoffes de toutes efpeces & qualités, qui rendent cette Capitale très-commerçante & vivante, comme le montre fuccintement le Tableau de l'état actuel des Manufactures de la Picardie & du Commerce qui en réfulte, préfenté fous le jour le plus lumineux dans l'Almanach de Picardie de l'année derniere, & qui fait l'éloge de fon Auteur.

Ajoutez encore quelques Méchaniques, entre lefquels on diftingue celle du fieur Maneffier, au bout de la rue S. Leu; la fimplicité du méchanifme, la rend très-intéreffante ; la rotation rapide de trois moulins à l'eau, font mouvoir fa totalité qui fert à fouler, à dégraiffer, à calendrer & à luftrer
les

les étoffes des différentes fabriques ; ce Méchanicien industrieux, sans compliquer ses inventions premières, vient d'y ajouter une Papeterie, pour fabriquer du papier blanc, dans le goût de celui d'Auvergne.

Satisfait de tout ce que l'on aura pu voir de public dans cette Ville, on peut encore se procurer, comme délassement, la vue des Cabinets de M. l'Abbé M..... Prêtre & Chapelain de la même Ville, à qui une érudition immense ne laisse rien échapper ; il a chez lui une collection de Médailles, (qui est, si j'ose le dire, un corps de chronologie, sous une forme palpable) & plusieurs morceaux d'Histoire Naturelle, des Tableaux, des Estampes, une Bibliotheque choisie : de M. R..... Chanoine de la Cathédrale, composé d'une nombreuse collection de Tableaux, parmi lesquels il en est d'excellens. Celui de M. H.....,

Recevêur des Tailles, est composé d'un certain nombre de Tableaux de Grands Maîtres; entr'autres d'une suite de Portraits de l'immortel Largilliere. Celui de M. de M..... Ecuyer, contient une collection soignée d'Histoire Naturelle en tout genre, des Urnes & des Vases antiques.

Ces quatre Amateurs ont une bonté de caracteres, & une droiture d'intention, qui les rendent très-accostables.

F I N.

APPROBATION.

J'AI lu par ordre de Monseigneur le Garde des Sceaux, un Ouvrage ayant pour titre: *Voyage Pittoresque*, ou *Notice exacte de tout ce qu'il y a d'intéressant à voir dans la Ville d'Amiens*, &c. & je n'y ai rien trouvé qui m'ait paru devoir en empêcher l'impression. Fait à Paris, ce 30 Avril 1783.

DE SAUVIGNY.

Vu l'Approbation ci-dessus, permis d'imprimer
DE LA HAYE.

www.ingramcontent.com/pod-product-compliance
Lightning Source LLC
LaVergne TN
LVHW051514090426
835512LV00010B/2520